오화평의 해보니별거아니네

재즈 CCM 반주악보집 · 부서예배편 ·

ChaCha Friends

머리말

교회 반주를 하다 보면, 손이 바쁘게 움직여야 한다는 압박을 느낄 때가 있습니다. 더 풍성하게, 더 화려하게, 더 많이 채워야 좋은 반주라고 생각하기 쉽죠. 하지만, 정말 프로들의 반주는 '많이 치는 것'이 아니라 '비울 줄 아는 것'에서 시작됩니다.

저 역시 오랜 시간 반주자로서 고민했습니다.

"예배 반주는 연주자가 돋보이는 것이 아니라, 찬양이 자연스럽게 흐를 수 있도록 돕는 역할이 아닐까?"

"화려한 기교보다, 단순하지만 깊이 있는 사운드가 더 큰 울림을 주지 않을까?"

"빈 공간을 어떻게 활용하느냐에 따라 음악의 완성도가 달라질 수 있지 않을까?"

이러한 고민 속에서, 단순히 코드만을 나열하는 것이 아니라, '비움과 채움'을 조화롭게 활용하는 반주법을 연구해왔습니다.

이 책, 『오화평의 재즈스타일 CCM 반주집』은 그 결과물입니다.

- 과하지 않은 세련된 재즈 스타일 반주법 – 불필요한 음을 줄이고, 꼭 필요한 요소만을 배치해 자연스러운 흐름을 만듭니다.

- 빈 공간을 살려 더 깊이 있는 반주 – 채우기보다는 남기는 것이 더 감동적인 순간을 만들어냅니다.

- 실전에서 바로 적용할 수 있는 패턴과 텍스처 – 찬양팀과 연주할 때도, 혼자 반주할 때도 부담 없이 활용할 수 있도록 구성했습니다.

그리고 이 책만의 특별한 장점이 있습니다.

- 원곡 코드 & 편곡 코드 비교 제공 – 원곡 코드와 편곡된 코드를 나란히 수록하여, 코드가 어떻게 변형되는지 직접 비교하면서 배울 수 있습니다. 단순한 코드 암기가 아니라, 변화의 원리를 이해하며 자연스럽게 실력이 쌓이도록 구성했습니다.

- 여러 개의 키(Key)로 연습 가능 – 반주자는 다양한 환경에서 연주해야 합니다. 이 책에서는 한 곡을 여러 키로 익힐 수 있도록 구성하여, 예배에서 어떤 키가 나오더라도 당황하지 않고 연주할 수 있도록 돕습니다.

- QR 코드로 영상 제공 – 단순히 악보만 보고 치는 것이 아니라, 직접 연주 영상을 보면서 학습할 수 있습니다. 눈으로 익히고, 귀로 듣고, 손으로 따라 치면서 진정한 반주자로 성장할 수 있도록 구성했습니다.

반주자는 연주의 중심이 아니라, 찬양이 더욱 빛날 수 있도록 돕는 역할입니다. 이 책이 단순한 기술이 아니라, 음악을 비우고 채우는 균형 감각을 익히는 데 도움이 되길 바랍니다.

조금 덜 치면서도 더 깊은 울림을 만드는 반주, 이제 함께 시작해볼까요?

오화평

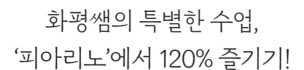

화평쌤의 특별한 수업,
'피아리노'에서 120% 즐기기!

오화평의 해보니 별거 아니네 재즈CCM 반주 악보집 - 부서예배편 120% 즐기기

반주를 처음 시작하는 분들도 쉽게 따라 할 수 있도록 구성된 '오화평의 해보니 별거 아니네' 시리즈! 이번 '부서 예배편'에서는 다양한 찬양곡을 화평쌤만의 재즈 CCM 스타일로 연주하는 법을 배울 수 있습니다.

교재와 함께 실력을 더욱 탄탄하게 다지고 싶다면? [오화평 선생님의 온라인 레슨과 유튜브 강의]를 활용해보세요!

화평쌤의 레슨 받으러 가기

1. 해보니 별거 아니네 강의

2. 오선생의 펑키하게 부탁해 : 리듬 마스터 강의

3. 해보니 별거 아니네 - 1편 교재 구매하기

4. '화평한 CCM' 유튜브 채널에서 만나는 또 다른 특별한 강의

피아리노 소개

내 방에서 배우는 인생 레슨
1:1 온라인 피아노 레슨 – 피아리노

피아노를 배우고 싶지만, 그동안 도움받을 곳이 없어 답답하셨나요?

피아리노는 편안하게 피아노를 배우고 싶은 분들을 위해 **온라인으로 제공되는 1:1 피아노** 레슨입니다.

레슨은 주 1-2회, 10-15분 분량의 맞춤형 영상으로 진행되며, 각 레슨에 맞춰 일주일 동안 공부하고 연습하는 방식으로 이루어집니다. 진도에 맞는 이론 과제도 제공되어, 피아노를 처음 배우시는 분이나 오랜만에 시작하시는 분들도 기초부터 차근차근 배울 수 있습니다.

연습한 내용을 피아리노의 전담 선생님이 꼼꼼하게 체크하고 피드백을 드리고, 악보는 피아리노에서 제공해드리니 배우고 싶은 곡의 악보가 없으셔도 걱정하지 마세요!

피아리노와 함께 음악의 즐거움을 느껴보세요.

레슨은 피아리노에서!

피아리노 홈페이지 [www.piareno.com]

차례

* 진한 글씨는 선생님의 레슨, 연주 영상이 QR 코드로 연결 되어있어요!

기대

- B♭ key -

Composed & Lyrics 천강수
Arr. 오화평

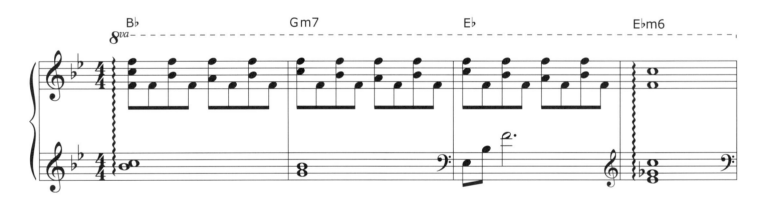

주 안에 우린 하나 모습은 달 라 도 예 수 님 — 한 분 만 바 라 네

기대

- A key -

Composed & Lyrics 천강수
Arr. 오화평

주 안에 우린 하 나 모 습은 달 라 도 예 수 님 — 한 분 만 바 라 네

9

기대

- C key -

Composed & Lyrics 천강수
Arr. 오화평

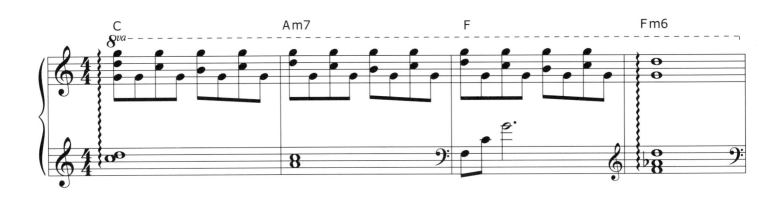

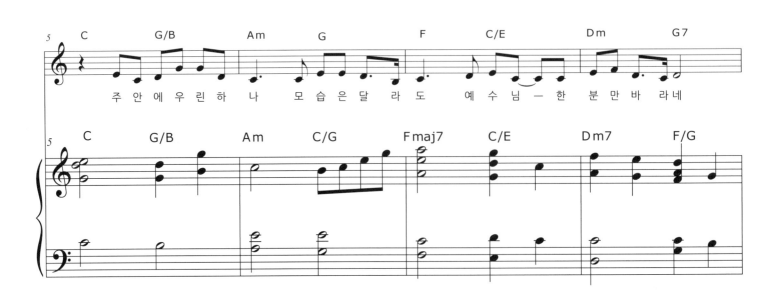

주 안에 우린 하 나 모습은 달 라 도 예 수 님 — 한 분 만 바 라 네

내가 주인 삼은
– G key –

Composed & Lyrics 전승연
Arr. 오화평

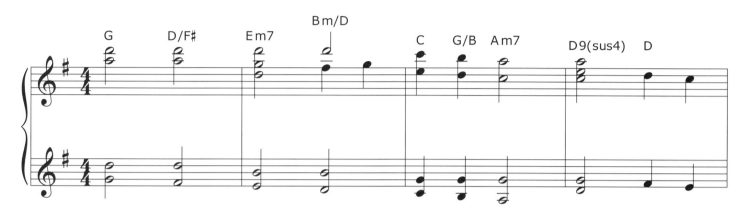

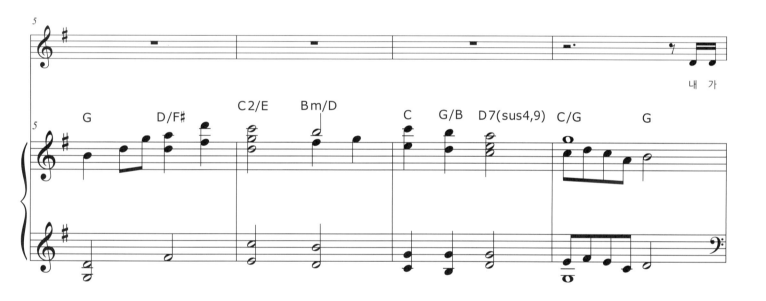

내가

주인삼은 — 모든것 내려놓고 — 내 주 되신 주 앞 에 나가 — 내가

내가 주인 삼은

- F key -

Composed & Lyrics 전승연

Arr. 오화평

주인삼은 — 모든것 내려놓고 — 내 주 되 신 주 앞 에 나 가 — 내가

내 가

내가 주인 삼은

- D key -

Composed & Lyrics 전승연
Arr. 오화평

주인삼은 — 모든것 내려놓고 — 내 주 되신 주앞에 나가 — 내가

내 이름 아시죠(나를 지으신 주님)

- E key -

Composed & Lyrics Tommy Walker

Arr. 오화평

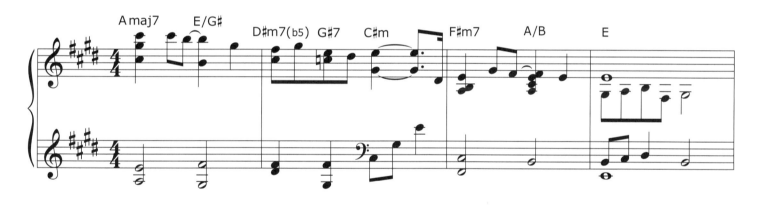

나를__ 지으신 주님__ 내 안__에 계셔__

내 이름 아시죠(나를 지으신 주님)

- D key -

Composed & Lyrics Tommy Walker
Arr. 오화평

내 이름 아시죠(나를 지으신 주님)

- F key -

Composed & Lyrics Tommy Walker

Arr. 오화평

나를__ 지으 신 주 님__ 내 안__에 계 셔__

25

축복의 통로(당신은 하나님의 언약 안에)

- D key -

Composed & Lyrics 이민섭

Arr. 오화평

당신은 — 하나님의_____ 언약 안에 있는 축복의 — 통 로

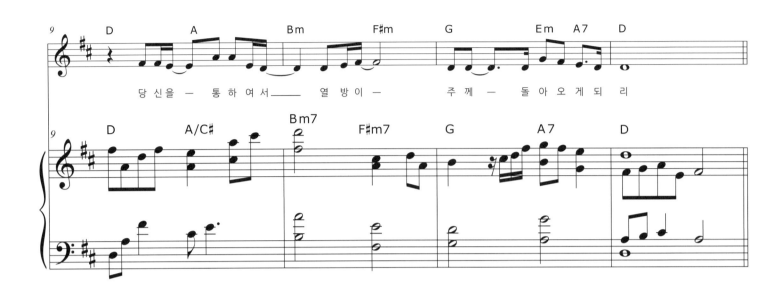

당신을 — 통하여서____ 열방이 — 주께 — 돌아오게되리

당신은 — 하나님의____ 언약 안에 있는축복의 — 통 로

당신을 — 통하여서____ 열방이 — 주께 — 예배하게되

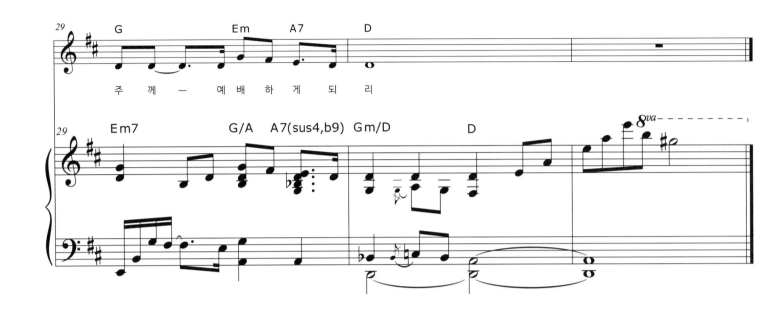

주 께 — 예 배 하 게 되 리

축복의 통로(당신은 하나님의 연약 안에)

- E key -

Composed & Lyrics 이민섭
Arr. 오화평

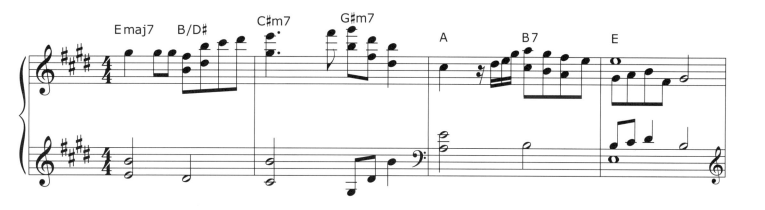

당신은 — 하 나 님의_____ 언약 안에 있 는 축 복의 — 통 로

31

당신을 — 통하여서____ 열 방이 — 주께 — 돌아 오게 되리

당 신은 — 하나 님의____ 언약 안에 있는 축복의 — 통 로

당신을 — 통하여서____ 열 방이 — 주께 — 예배 하게 되

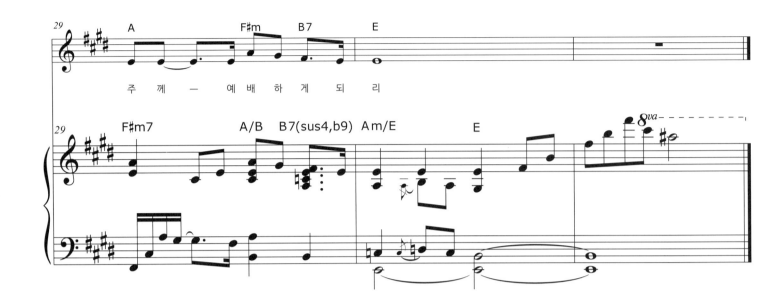

주 께 — 예 배 하 게 되 리

보소서 주님

- G key -

Composed & Lyrics An Paula Valadao

Arr. 오화평

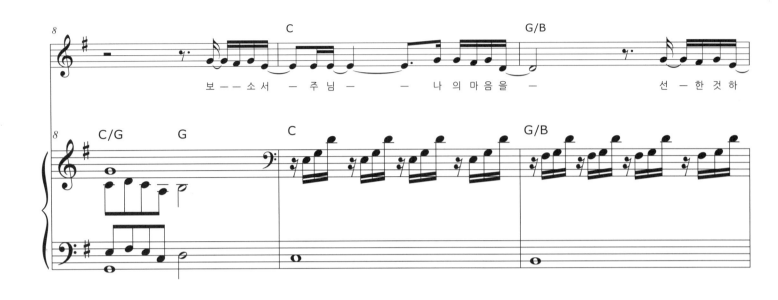

보──소서 ─주님─ ── 나 의 마음을 ─   선 ─한 것 하

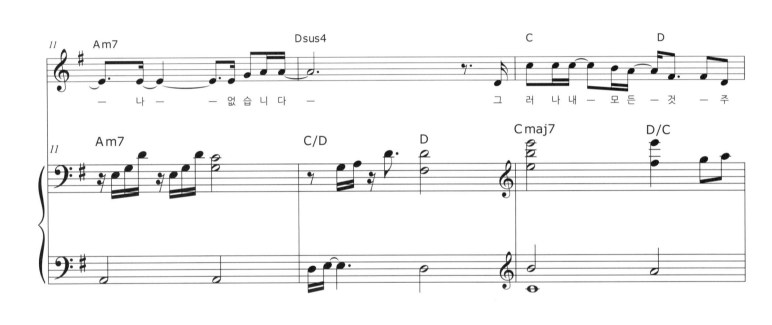

─ 나 ─ ──없습니다 ─   그 러 나내 ─모든 ─것 ─주

께 드 립니─다   사 랑 으로─ 안으시고─   날 새 롭─게

보소서 주님

- A key -

Composed & Lyrics An Paula Valadao

Arr. 오화평

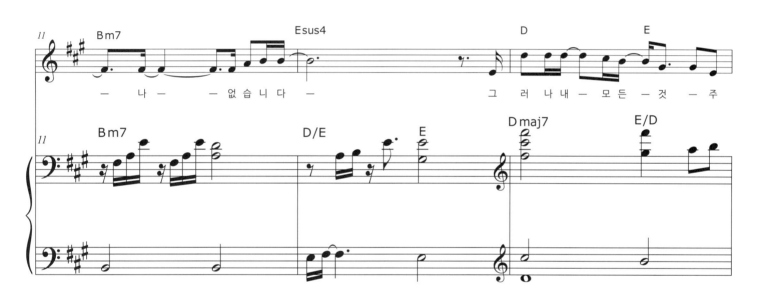

보소서 주님

- F key -

Composed & Lyrics An Paula Valadao

Arr. 오화평

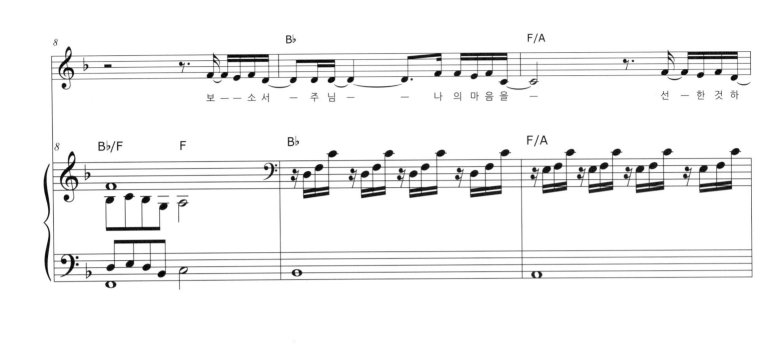

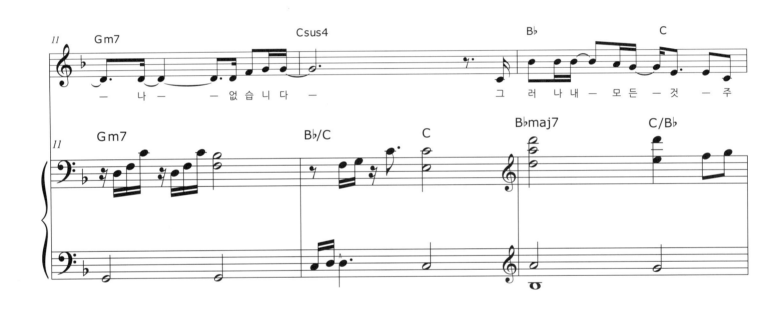

야곱의 축복
- C key -

Composed & Lyrics 김인식
Arr. 오화평

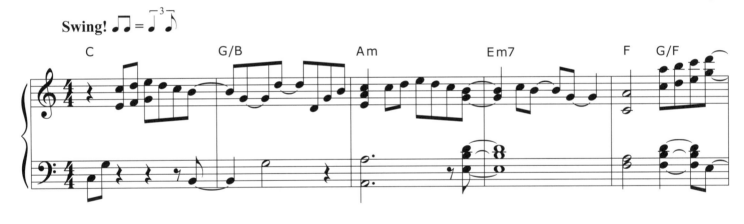

너   는

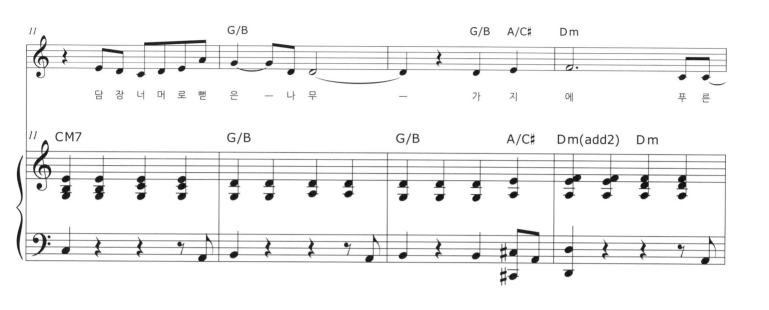

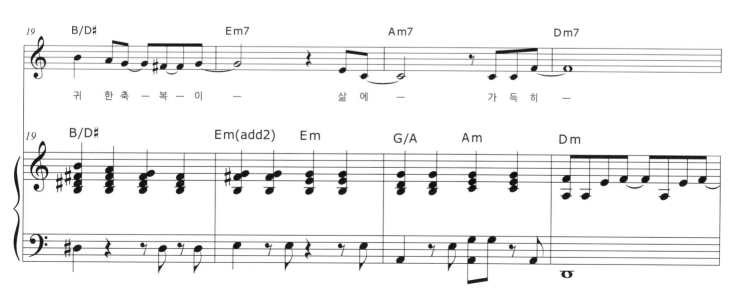

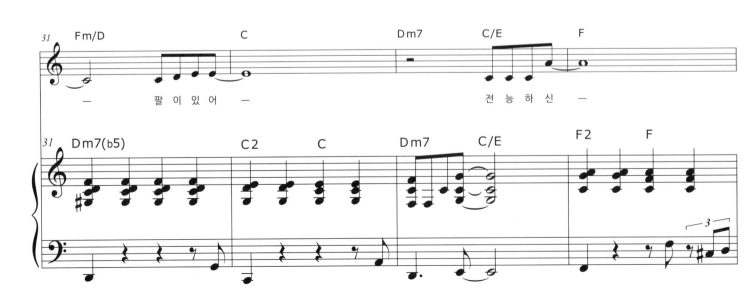

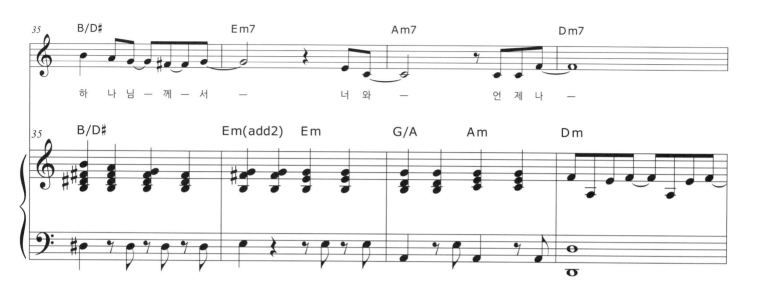

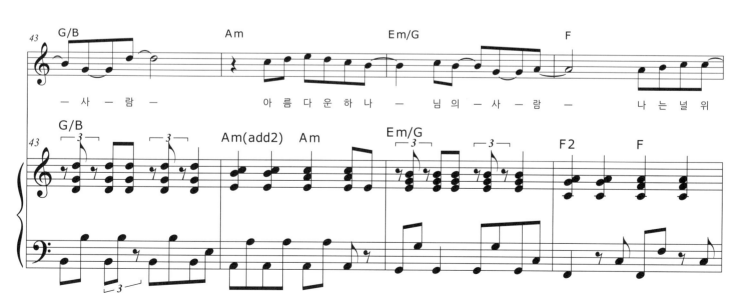

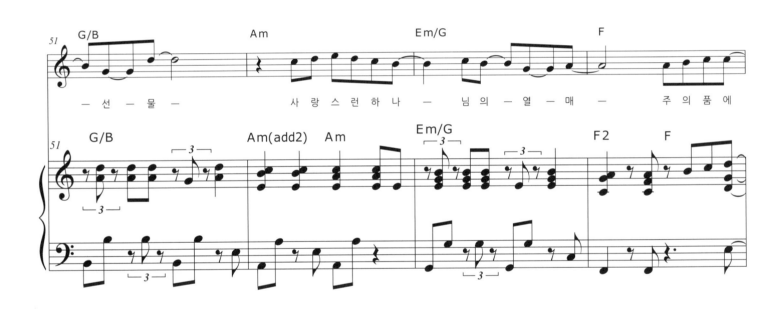

야곱의 축복

- B♭ key -

Composed & Lyrics 김인식
Arr. 오화평

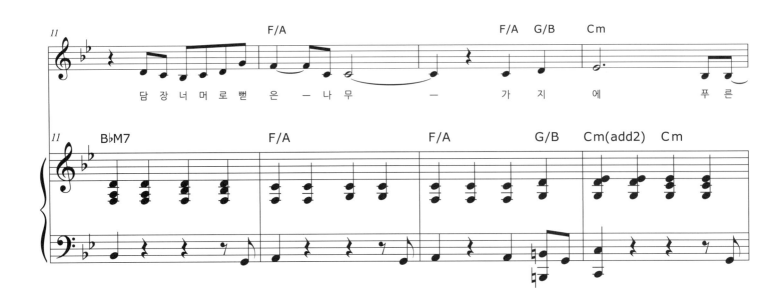

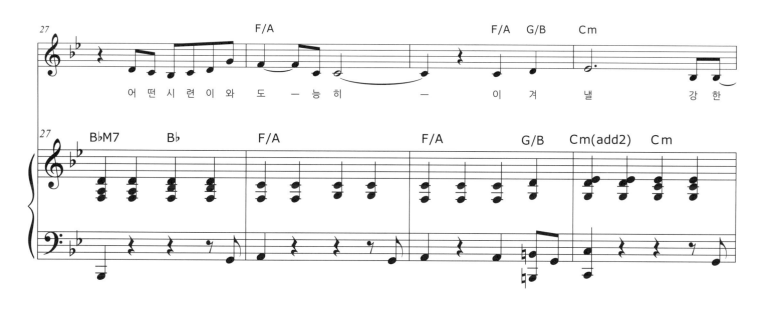

약할 때 강함되시네
- F key -

Composed & Lyrics Dennis Jernigan
Arr. 오화평

약 할 때 강함되시 네 나의 보배가 되신 주 주나의 모 든 것 ————

56

약할 때 강함되시네

- E key -

Composed & Lyrics Dennis Jernigan
Arr. 오화평

약할때 강함되시 네 나의보배가되신 주 주나의모 든 것 ————

약할 때 강함되시네
- G key -

Composed & Lyrics Dennis Jernigan
Arr. 오화평

약 할 때 강 함 되 시 네 나 의 보 배 가 되 신 주 주 나 의 모 든 것 ― ― ― ―

은혜로다
- A key -

Composed & Lyrics 심형진
Arr. 오화평

시 작 됐 네

우리주님의능력이 나의삶을다스리고

새롭게하네 자유하네

죄와사망으로부터 나의삶은변

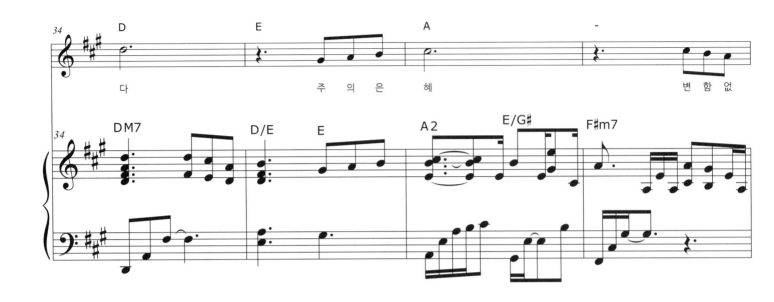

은혜로다

- B♭ key -

Composed & Lyrics 심형진
Arr. 오화평

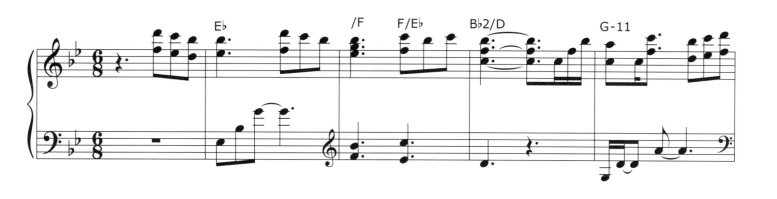

시 작 됐 네

67

우 리 주 님 의 능 력 이   나 의 삶 을 다 스 리 고

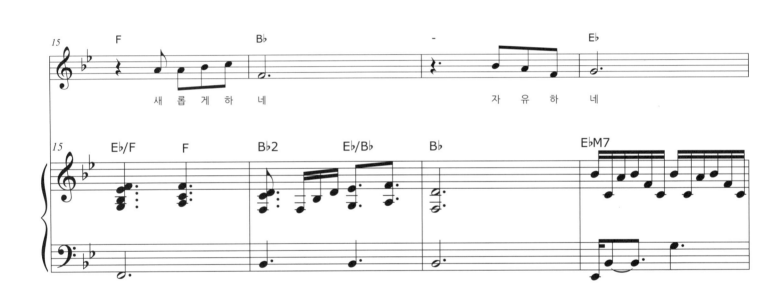

새 롭 게 하 네   자 유 하 네

죄 와 사 망 으 로 부 터   나 의 삶 은 변

은혜로다

- F key -

Composed & Lyrics 심형진
Arr. 오화평

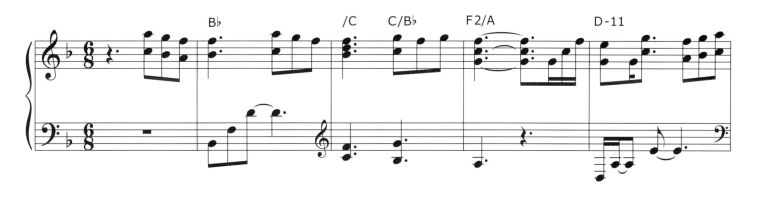

시 작 됐 네

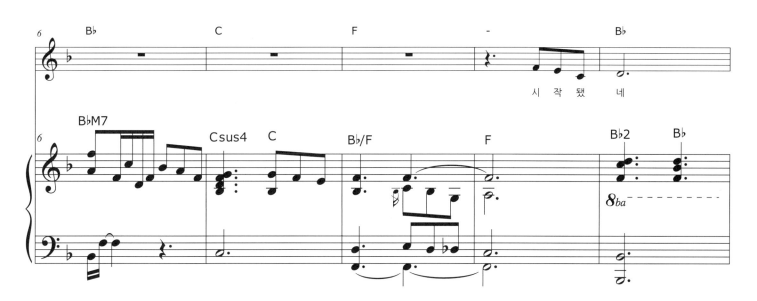

우리주님의능력이　나의삶을다스리고

새롭게하네　자유하네

죄와사망으로부터　나의삶은변

축복합니다
- E key -

Composed 곽상엽 Lyrics 이형구
Arr. 오화평

축 복 합 니 다 — 주 님 의 이 름 으 로 —

축 복 합 니 다 —   주 님 의 사   랑 — 으 로 —   이 곳 에

모 인 주 의 거 룩 한 자 녀 에 게 — 주 님 의 기   쁨 과 주 님 의 사 랑 — 이 — 충 만

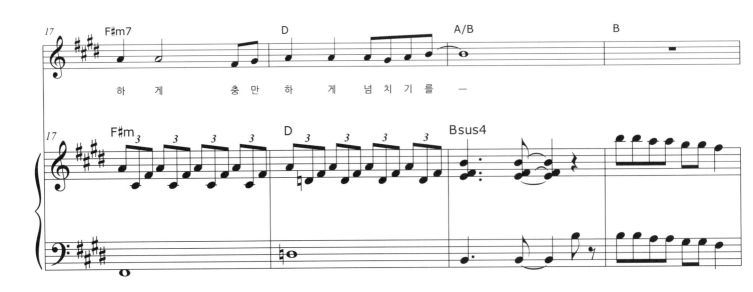

하 게   충 만 하 게 넘 치 기 를 —

God   bless you   God   bless you

축 복 합 니 다 —   주 님 의 사   랑 — 으 로 —

축복합니다

- F key -

Composed 곽상엽 Lyrics 이형구
Arr. 오화평

축 복 합 니 다 ─ 주 님 의 이 름 으 로 ─

그의 생각

- E key -

Composed & Lyrics 조준모
Arr. 오화평

1

하 나 —

님 은 — 너 를 만 드 신 — —분 — 너 를 가 장많 — —이 — 알 고 계 시 며 — 하 나—

81

그의 생각

- D key -

Composed & Lyrics 조준모
Arr. 오화평

그의 생각

- F key -

Composed & Lyrics 조준모
Arr. 오화평

하 나 —

님 은 — 너 를 만 드 신 — — 분 — 너 를 가 장 많 — — 이 — 알 고 계 시 며 — 하 나 —

하나님의 사랑이

- E key -

Composed & Lyrics 박은총, 전아림

Arr. 오화평

하 나 님 의사 랑 이___ 당신 의 삶 가___ 운데

___ 가 득 하 기를___ 축 복 합 니 다

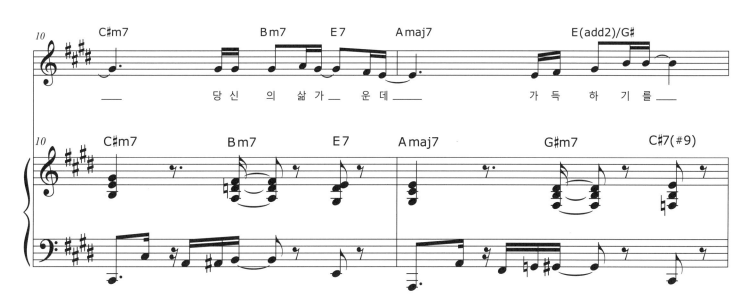

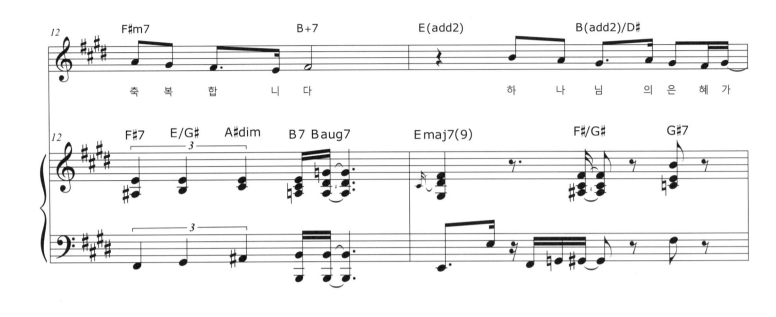

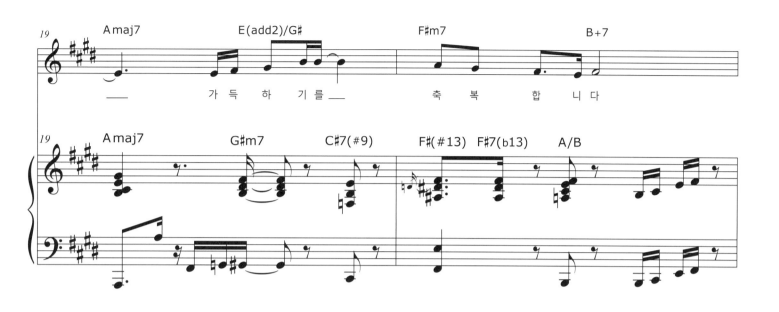

93

하나님의 사랑이

- D key -

Composed & Lyrics 박은총, 전아림

Arr. 오화평

하 나 님 의사 랑 이___ 당신 의 삶가___ 운 데

___ 가 득 하 기 를___ 축 복 합 니 다

하나님의 사랑이

- F key -

Composed & Lyrics 박은총, 전아림
Arr. 오화평

하 나 님 의사 랑 이___ 당 신 의 삶 가__ 운 데

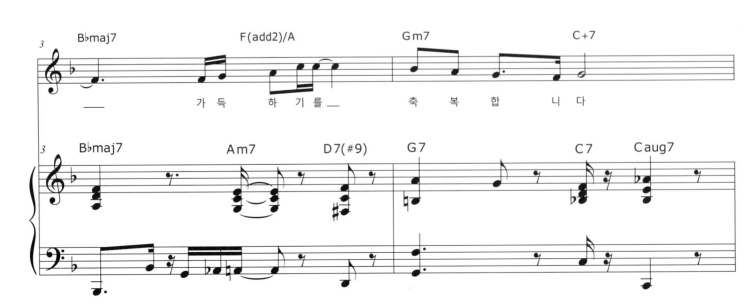

___ 가 득 하 기를__ 축 복 합 니 다

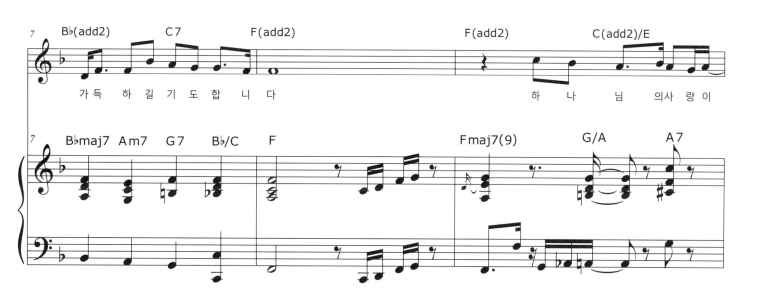

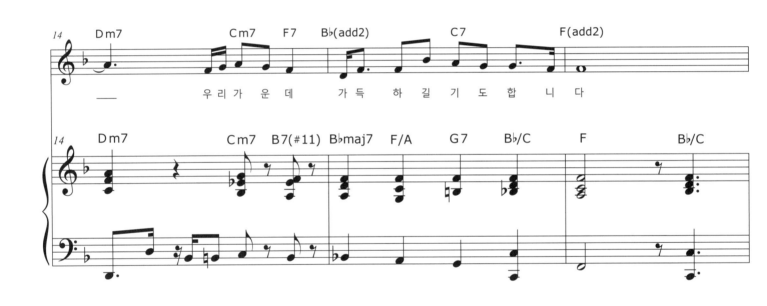

가 득 하 기 를___ 축 복 합 니 다

하 나 님 의은혜가___ 우리가운데 가득 하길기도합니 다

예수 예수(슬픈 마음 있는 자)

- A key -

Composed & Lyrics 김도현

Arr. 오화평

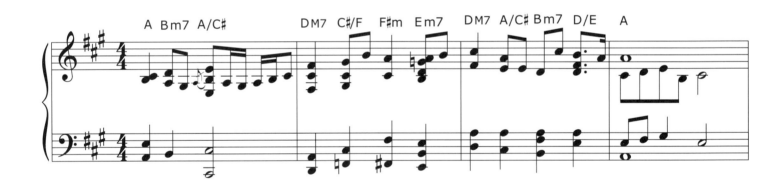

슬픈마음 있는 자 —　　몸과영혼 병 든자 —　　누구든지부르시오 —　　예

예수 예수(슬픈 마음 있는 자)

- B♭ key -

Composed & Lyrics 김도현
Arr. 오화평

예수 예수(슬픈 마음 있는 자)

- G key -

Composed & Lyrics 김도현
Arr. 오화평

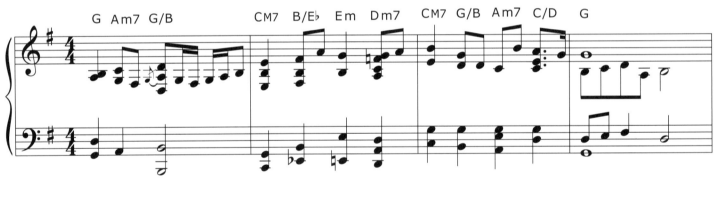

슬픈마음 있 는 자 —　몸과영혼 병 든 자 —　누구든지부르시오 —　예

성령이 오셨네(허무한 시절 지날 때)

- A key -

Composed & Lyrics 김도현
Arr. 오화평

허무한 시절 지날 때 — 깊은한 숨 내쉴 때 — 그런 풍경 보 — 시며 — 탄식

성령이 오셨네(허무한 시절 지날 때)

- B♭ key -

Composed & Lyrics 김도현

Arr. 오화평

허무한시절지날때 — 깊은한 숨내쉴때 — 그런풍경보 — 시며 — 탄식

친히찾아—오셔서— 그나라꿈꾸게하시네

그나라꿈꾸게하시네

저자소개   **오화평**

서울예술대학 실용음악과에서 Jazz Piano 전공자로, 명지대학교 문화예술대학원 실용음악과에서 공부했다.

현재 NGO 굿네이버스(마음전파상) 음악 홍보대사로 활동하며, 중부대학교 실용음악과 연구 전임 교수와 백석 예술대학교 교회실용음악과 겸임 교수로 후학 양성에 힘쓰고 있다.

발표한 음반으로는 오화평 피아노 1집 『Princess Maker』(2011), 오화평 가스펠 피아노 솔로 1집 『The Cross』 (2013), 오화평 피아노 2집 『Children』(2015), 오화평 트리오 가스펠 2집 『The Cross 2』(2016), 오화평 트리 오 싱글앨범 『The Cross』 - 주의 집에 영광이 가득해(2017), 오화평 가스펠 피아노 『The Cross 3』(2019), 『The Cross4』(2021), 『The Cross5』(2024)이 있다. 최근 『The Cross 6』(2025) 앨범을 발매하였다.

저서로는 오화평 가스펠 악보집 『The Cross』(2017)와 『The Cross3』(2020), 『The Cross4』(2023), 오화평의 CCM 반주법 '해보니 별 거 아니네'(2023) 등이 있다.

오화평의 해보니별거아니네
재즈 CCM 반주악보집

부서예배편

초판 발행일 2025년 4월 28일

편저 차차프렌즈
발행인 차영은
편집 김희진
디자인 이재란

발행처 (주)차차프렌즈
출판등록 제 2021-000058호
주소 서울특별시 강서구 마곡중앙로 105-7, Tower 1, 337
전화 010-2600-7149   **팩스** 0504-389-7149

ISBN 979-11-978158-5-0(03670)